Saint Valentine

A BILINGUAL BOOK IN ENGLISH AND SPANISH

MARISA BOAN

Every year on February 14th, people around the world celebrate Valentine's Day. It is a day filled with hearts and flowers which we share with our loved ones. Have you ever wondered why it's called Valentine's Day?

Cada año, el 14 de febrero, personas de todo el mundo celebran el Día de San Valentín. Es un día lleno de corazones y flores que compartimos con nuestros seres queridos. ¿Alguna vez te has preguntado por qué se llama Día de San Valentín?

Saint Valentine was born around **226** AD in Terni, Italy. He was a Christian who became a priest and later was the Bishop of Terni.

San Valentín nació alrededor del año **226** d.C. en Terni, Italia. Fue un cristiano que se hizo sacerdote y más tarde fue obispo de Terni.

He lived during the time of the great Roman Empire and was not allowed to practice his Christian faith.

Vivió en la época del gran Imperio Romano y no se le permitió practicar su fe cristiana.

The Roman Emperor, Claudius II, known as "Claudius the Cruel" because of his harsh treatment of people and frequent wars, wanted the people to only worship his gods.

El Emperador Romano Claudio II, conocido como "Claudio el Cruel" por su duro trato a la gente y sus frecuentes guerras, quería que el pueblo sólo adorara a sus dioses.

At the time, the Romans wanted to expand their empire and fought many wars.

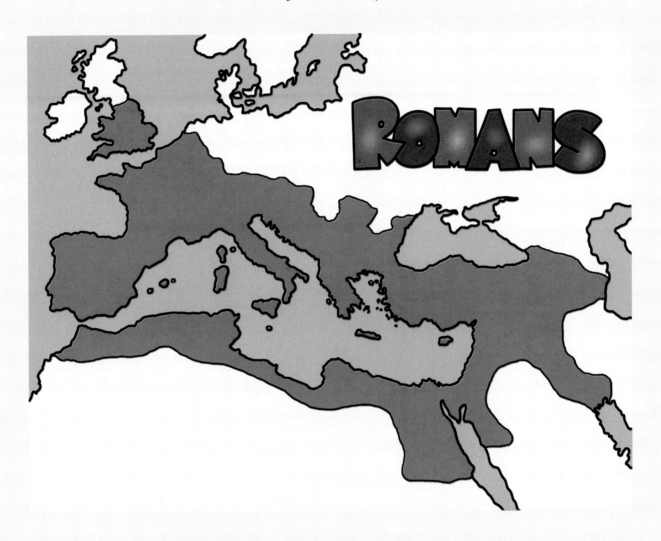

En aquella época, los romanos querían expandir su imperio y libraban muchas guerras.

Claudius needed to have the strongest and most powerful army in order to conquer other lands.

Claudio necesitaba tener el ejército más fuerte y poderoso para poder conquistar otras tierras.

Soon he realized that many of his soldiers were dying in battles and others did not want to join in the fight. Young men wanted to be married and raise families at home.

Pronto se dio cuenta de que muchos de sus soldados morían en las batallas y otros no querían unirse a la lucha. Los jóvenes querían casarse y formar una familia en casa.

The emperor believed that families made the soldiers soft and distracted so he banned marriages and made the practice forbidden.

El emperador creía que las familias ablandaban y distraían a los soldados, por lo que prohibió los matrimonios e hizo que se prohibiera su práctica.

Young soldiers still wanted to practice their faith, fall in love, and get married. Valentine, the Bishop of Terni, knew how important faith, love, and families were.

Los jóvenes soldados seguían queriendo practicar su fe, enamorarse y casarse. Valentín, el obispo de Terni, sabía lo importantes que eran la fe, el amor y las familias.

He believed in God and continued to practice his faith,
including performing marriage ceremonies, in secret!

Creía en Dios y seguía practicando su fe, incluso
celebrando ceremonias matrimoniales, ¡en secreto!

He was brave and courageous by holding Mass and marrying young couples against the emperor's laws.

Fue valiente y arrojado al celebrar la misa y casar a los jóvenes contra las leyes del emperador.

Claudius was furious and sent his soldiers to arrest Valentine and put him in jail.

Claudio se enfureció y envió a sus soldados para que arrestaran a Valentín y lo encarcelaran.

While in prison, a prison guard allowed his blind
daughter, Julia, to visit Valentine.

Mientras estaba en la cárcel, un guardia de la prisión
permitió que su hija ciega, Julia, visitara a Valentín.

She brought him roses and he would read stories to her and tell her about the importance of prayer and believing in God.

Ella le llevaba rosas y él le leía cuentos y le hablaba de la importancia de rezar y creer en Dios.

She hoped that God would answer her prayers one day and that she would be able to see.

Ella esperaba que Dios respondiera a sus oraciones algún día y que pudiera ver.

Valentine prayed for her and placed his hands over her eyelids. When he removed them, she could see. It had been a miracle!

Valentín rezó por ella y le puso las manos sobre los párpados. Cuando las retiró, ella pudo ver. ¡Había sido un milagro!

Although crowds gathered outside the prison begging for Valentine's release, the emperor would not set him free.

A pesar de que las multitudes se reunieron fuera de la prisión rogando por la liberación de Valentín, el emperador no lo dejó libre.

Emperor Claudius II believed that Valentine practicing his faith and going against his orders was a serious threat and ordered his death.

El emperador Claudio II consideró que el hecho de que Valentín practicara su fe y fuera en contra de sus órdenes era una grave amenaza y ordenó su muerte.

He died on February 14th, **269**. He loved Julia very much and before he died, he wrote her a letter, simply signing it, "From Your Valentine".

Murió el 14 de febrero de **269**. Quería mucho a Julia y, antes de morir, le escribió una carta, firmándola simplemente: "De tu Valentín".

Saint Valentine gave his life believing in his faith so that young couples in love could be married and continue to spread God's love to their families.

San Valentín dio su vida creyendo en su fe para que las jóvenes parejas enamoradas pudieran casarse y seguir difundiendo el amor de Dios a sus familias.

Today many people visit his church in Terni, Italy. They leave letters and prayers asking to help a loved one and some even ask for a husband or a wife.

Hoy en día, muchas personas visitan su iglesia en Terni (Italia). Dejan cartas y oraciones pidiendo ayuda a un ser querido y algunos incluso piden un marido o una esposa.

His Feast Day is celebrated each year on February 14th. He is the Patron Saint of love, young people, and happy marriages.

Su fiesta se celebra cada año el 14 de febrero. Es el patrón del amor, de los jóvenes y de los matrimonios felices.

Today, Valentine's Day is celebrated all around the world. People exchange cards, flowers, and sweets with their friends and loved ones.

Hoy, el Día de San Valentín se celebra en todo el mundo. La gente intercambia tarjetas, flores y dulces con sus amigos y seres queridos.

No matter how we celebrate Valentine's Day, it will always be a day to celebrate love.

No importa cómo celebremos el Día de San Valentín, siempre será un día para celebrar el amor.

Make sure to be kind and show love to all of those around you on this day and remember to send a note simply signing it "From Your Valentine".

Asegúrate de ser amable y mostrar amor a todos los que te rodean en este día y recuerda enviar una nota simplemente firmando "De tu Valentín".

Make a Heart Ornament

Color - Cut - Glue

STEP 1 - COLOR

STEP 2 - CUT

STEP 3 - FOLD & GLUE

STEP 4 - GLUE A RIBBON BEFORE PLACING THE LAST HEART

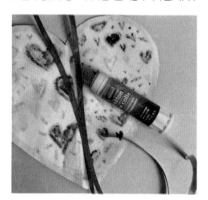

STEP 5 - SECURE ALL SIDES

Valentine's Day Mini- Cards

COLOR - CUT - FOLD

Fold

Fold

Fold

Fold

Explore More Bilingual Books

MAGICSPELLSFORTEACHERS.COM

Made in the USA
Las Vegas, NV
07 February 2024